AF498030

HISTOIRE
VERITABLE DE LA
CONVERSION ET RE-
pantence d'vne Cour-
tisane Venitienne.

Laquelle apres auoir demeurée long temps
souillée dans les lubricitez & ordures
de son peché, Dieu a faict reluire dãs
son ame les rayons de son amour,
& la retiree à soy.

Traduict d'Italien, en François,

A PARIS,

Chez Guillaume Marette, ruë S.
Iacques, au gril.

1608.

HISTOIRE

VERITABLE DE LA CONVERSION ET RE

PENTANCE D'VNE COVR-
TISANNE VENITIENNE.

Laquelle apres auoir demeurée long-
tēps souïlleé dans les lubricitez &
ordures de son peché, Dieu
a faict reluyre dans son ame
les rayons de son amour,
& la retirée à soy.

Ntre tous les vi-
ces & pechés qui
se sont enracinez
dans le cœur des
hommes, & qui
plus manifestent

l'ire de Dieu, ça este la paillardise: car Dieu a fait pleuuoir feu & foudre pour aduertissement d'vn si enorme & detestable peché deuant sa diuine Maiesté. Quelle chose est sous le Ciel, plus abominable, & digne de hayne, que ce vice, qui est la source & fontaine de tous maux. Certains auteurs remarquent qu'il n'y a rien au móde qui offence pl⁹ le corps & l'esprit, & qui nuise plus à la santé corporelle & spirituelle, qui engendre plus de maladies interieures & exterieures, qui rende l'homme plus brutal & insensé, que ce mechât acte voluptueux, qui tue le corps & l'ame. Tous les liures des anciens modernes sont si remplis d'jnfinis exemples, que si nous les feüilletons, nous verrons les punitiós, miseres & malheurs qui l'accompa-

gnét. Les enfás d'Hely nous ont
ferui d'exemple de la diuine ven-
geance, & ceux qui eftoient du
temps de Noë, cóme parle no-
ftre Seigneur en fon Euangile.
Valere liure 9. chapitre. 12. nous
en fournit affes, quand il parle
du poëte lafcif & vilain qui mou-
rut où il fe plaifoit tant. Mais
nous nous arrefterons feulement
pour le prefent à la recerche cu-
rieufe de la vie, meurs & façons
de c te Leonor Venitienne, iffuë
de riches & fameux persónages,
dont ie tais le nom : à laquelle
nature auoit defparti tous fes
dós & graces, & l'auoit doüee de
parfaicte beauté, enrichie dés
fon commencement de vertus
requifes à vne damoifelle bien
née, comme elle eftoit.

On voit ordinairement
qu'en vn bel arbre fruitier il y a

quelques branches qui sõt pour-
ries & mortes, & que si on ne les
coupoit, elles gasteroient tout
l'arbre: de mesme les parés de cé-
ste Leonor, qui estoient beaux
arbres florissãs & esleués en haut,
enracinez en la vertu, produirét
vne bráche du cõmencemét ver-
doyáte, & qui petit à petit cõme
elle croissoit elle se pourissoit. car
dés que l'Amour aueuglé eut de-
coche ses fleches dãs sõ cœur, elle
aperceut des nouueaux traitz &
desirs d'aimer, qui sont les en-
fans & auant-coureurs d'Amour,
qui luy firent clorre les yeux de
chasteté, pour ouurir ceux de lubricité : car ayant attraint l'aage
de quinze ans, lors vray miroir
de vertu & beauté, & estant de-
laisseé orpheline depuis deux ans
& vnique heritiere des biens paternels, fust recerhée de plusieurs

braues caualiers, qui espris de ses
beautez , ne pouuoient respirer
que l'air de ses bonnes graces : &
comme la coustume de ce païs
porté, que les filles soient reti-
rees des compagnies , principa-
lement de celles des hommes:
mais elle estoit maistresse de soy-
mesme, & se laissoit aller où sa
volonté & plaisirs la poussoient:
elle attiroit par sa beauté les
cœurs de ceux qui la regardoiét,
& en la regardant, l'admiroient:
Entre autres le caualier Lysádro,
qui ià long temps au parauant a-
uoit esté aduerti dés beautez de
ceste damoiselle, estant enuoyé
à Venize pour l'estude des scien-
ces, & exercices de noblesse, tas-
cha par subtils moyens de pou-
uoir treuuer lieu, temps & heure
cómode, pour offrir & sacrifier
les veux de son seruice sur l'autel
A iiij

des merites de ceſte beauté, & ne
pouuant treuuer telle cómodi-
té, commeil deſiroit, il ſe deli-
bera de l'aller voir à ſon logis, accompagné d'vn homme ſeule-
ment, & là eſtant la trouua auſſi
gratieuſe que belle, incontinant
luy cóméça à d'eſcouurir la douleur qu'il auoit enduré dés que
les rayós de ſa beauté eurent pe-
netré ſon cœur, & qui la ſuppli-
oit & coniuroit d'alleger le tour-
ment de ſon mal. Tous deux au
meſme inſtant furent comblez
d'heur & deſir, comme ils ſou-
haittoiét, il ne máque point tous
les iours enapresla voir, enfin tous
deux ſont embraſés de l'amour
del'vn & de l'autre: Et ainſi paſſió-
né luy donna à entédre, cóme la
couſtume eſt, qui la prendroit
pour ſa loyale eſpouſe, & que cependant elle eſteint les feux ar-

dans d'Amour qui le brusloient.
Alors les parés de l'vn & de l'autre
estans aduertis du faict, firent
moyé de les separer & esloigner:
afin d'esteindre le feu & la fumée
du bruit qui estoit semé d'eux par
la ville. Mais Lyssandro qui ne de-
siroit plus belle occasió que celle,
afin d'euiter les rets où il estoit
pris, s'il ne s'en retournoit à la
maison de son pere : la quitte,
ayát assoupi ses lubricitez l'espa-
ce d'vn an, & ainsi elle demeura
grosse d'vne fille. Ie ne vous pou-
rois representer les douleurs &
afflictiós accompagnez de sous-
pirs, & repentirs de ceste pauure
Leonor, qui au premier cómace-
mét auoit gouté les fruicts de l'A-
mour si doux, & maintenant luy
sont si amers: la voila delaissce &
abandóneé d'vn chacun, réputée
pour vn autre Lais fameuse pu-

tain, qui eſtãt morte, afin de faire
reuiure ſa memoire, fut mis ſur ſõ
tonbeau vne Liône qui eſgrati-
gnoit vn Belier par les feſſes, pour
deſigner que le Belier eſtordy, à
ſçauoir l'hôme, ſe laiſſe piper à la
fême, qui luy tire le ſang, & luy o-
ſte ſa leine. Elle eſt contrainĉte en
apres de pourſuiure, çomme elle
auoit commancé , & ſ'addonne
tellement à toutes ſortes de lubricitez, qu'au lieu que c'eſtoit vn
miroir de vertu & chaſteté, ce
n'eſt que le receptacle des vices;
ſa beauté & elegãce de ſon corps
eſtoit fleſtrie, ſa conſcience offë-
cée, laquelle l'epoinçónoit ordi-
nairemét auec des viues attaintes
d'vn repentir: ſon nóm tout dif-
famé, ſa vie abregeé, le cœur
& l'ame perduë. Mais Dieu qui
ayme les ſiens, & qui ne cerche
la mort du pecheur, fit reluyre

peu à peu les effects de só amour
dans le cœur de céte creature, afin
de la retirer des ordures & faletes
du peché, où elle estoit plógée: fi-
bien que le 26. iour du mois de
Mars entendant la predication
d'vn R. P. de l'ordre S. François,
qui auoit prins pour theme de
fon fermon la Conuerfion de la
Magdaleine, luy efmeut & inci-
tat vne telle ardeur de l'amour
diuin accompagné d'vn repentir
& remord de confcience d'auoir
offencé vn fi long temps celuy
qui l'auoit crée à fon image,
qu'incótinant que le Pere fut def-
cendu de la chaire, elle fe profter-
na à fes pieds, luy demádát hum-
blement pardon, le priant de
vouloir entendre vne confeffion
auriculaire de tous fes pechés,
qu'elle vouloit faire: C'eftoit au-
parauant vn Laïs, maintenant

c'eſt vne autre Magdelaine, que
les ſouſpirs & pleurs qu'elle reſ-
pand pour ſes peches paſſés, & la
penitence qu'elle a commencée
luy acquerront les cieux. Cependant elle s'eſt retireé à vn cóuent
des religieuſes de S. François, où
elle vit auec telle penitence, ieuſ-
nes & oraiſons, ayant party tout
de reſte de ſes biens paternels, &
ceux que ſa lubricité luy auoient
acquits aux pauures & au cóuent:
remit ſa fille à la ſuitte d'vne
grande dame.

C'eſt eſcrit m'eſtant tombé
entre les mains, j'ay deſiré le
mettre d'Italien en françois, afin
d'émouuoir & inciter vn chacun
à fuïr & auoir en horreur ce vice
& peché ſi enormé deuant la diuine Maieſté, & cóiurer ceux qui
ont eſté ſeduits & attrapez par les
retz & filetz que le diable enne-

my immortel leur prepare tous
les iours de tafcher par tous moyens , de s'en deliurer, car tou-
fiours il a efté diuinement pu-
ny. Qui pourroit donc mettre en
regiftre, tant de villes ruineés,
faccagees, apauuries, & defolees
par ce malheureux vice: les Mo-
narchies des Perfes, Affyriens,
Medes, Macedoniens, Troiens,
Romains , des florifantes cités
de Lacedemone, Thebes, Athe-
nes, & autres ont efté perdues par
ce monftre deteftable. Ie ferois
trop prolix de deduire les malheurs qui l'accompagnent, mais
cecy feruira de miroir , & vray
exemple de chaftete, afin que ces
belles ames ne fe vienent à foüil-
ler, fletrir & fecher par les retz de
l'ordure de ce peché: car ayant
ce luftre fi replendiffant on reluy-
ra de tous coftez, reiettant cefte

infatiable volupté, qui ameine
auec foy vn repentir, qui mord
& pince la confcience ordinairement, & engendre en l'efprit vne
douleur perpetuelle, & faict ou-
blier le doux pour fuccer l'amer,
& depeint en nous vne infamie:
& comme dit le Poëte.

O Paſsion diſſoluë
O Volonté trop gouluë!
Plus l'hydropique met peine
De fuccer vne fonteine
Plus il creufe fon tombeau, &c

FIN.

* 9 7 8 2 3 2 9 6 3 1 7 1 4 *